JN439850

Songhi Kim

시인 김송희

이별은 고요할수록 좋다

문단 50주년 기념 시집

김송희 시집

이별은 고요할수록 좋다

Poetics 시학

■ 시인의 말

70의 나이를 껑충 뛰면서 입버릇처럼 하던 그 '마지막' 이라는 말을 두려워하기 시작했다.

내 아이들과 헤어지면서도 '다시 또 만날 수 있을까?' 하는 두려움 속에 손을 흔들고 입은 웃었지만 가슴은 늘 철렁 내려앉았다.

뉴욕과 서울을 오갈 때에는 '이번이 마지막은 아닐까' 하는 생각을 하면서 고국의 강산, 존경하는 스승이나 정든 선후배, 지인들과의 헤어짐을 아쉬워하곤 했다.

문단 데뷔 50년이 되었다. 이 시간은 뉴욕 생활 47년을 이방인으로 살아온 시간과 같은 시간이다.

그 세월 동안 서너 차례 병원으로 실려 가기도 했고, 기침약을 너무 많이 먹어 실신하여 직장 동료들을 놀라게 하기도 했다. 빙판길에서 넘어져 온몸이 피멍이 들었을 때는 육신의 아픔보다 마음의 고통과 슬픔이 더 컸었다. 또한 온몸의 에너지가 빠져나가 기절하는 바람에 응급차를 타고 며칠을 입원하기도 했다.

요 몇 달 동안은 다른 의미의 '마지막' 이 나의 삶을 지켜주었다. 문단 50주년 기념 시집을 출판하는 것이었다.

용기가 필요했다. 하루살이와 같은 시집이 되면 어쩌나

하는 마음과 내 조국 서울이 낯설고 모든 것이 서투름에 두려움도 컸다. 이런 때에 힘이 되어 주고 용기를 심어 준 이근배 시인에게, 그리고 시 해설을 기꺼이 집필해 주신 장석주 시인과 바쁜 일정에 맞추어 출판해 준 도서출판 시와시학사에게도 진심으로 고마움을 전하고 싶다.

어쩌면 정말 마지막이 될지도 모를 이 시집을 세상에 내어놓으며, 그동안 함께해 온 나의 시들에게 부끄럽다. 시인이라는 이름에게도 미안하다.

그러나 나에게 있어 시는 모국어와의 사랑이고, 조국과의 끊을 수 없는 나의 삶이다.

모국을 방문할 때마다 따뜻한 마음으로 반겨 준 모든 분들께 진심으로 감사하는 마음을 전하고 싶다.

감사합니다.

2014년 5월

일산에서 김송희

차 례

제2부

제3부

제4부

제5부

제1부

손톱

열 개의 손톱이 날을 세우고
아우성친다

손톱에 끼어 있는
아픔이 살아서
싹이 돋아나고
상처의 뿌리는
곪아서 짙푸른 바다로 숨는다

손톱으로 파고드는
날개 돋친 슬픔은
육신을 불태우고
영혼의 푸르름을 껴안는다

손톱은 신음 소리를 죽인다
열 개의 손톱에 낀
삶의 세월
눈 감아라

불면의 바람

하나, 둘
허무를 허공에 심고
발자국 남기지 않은
나는 새를 그리고
하늘은 먹구름으로 목을 조여 온다

바람은 깊은 수면에 가라앉아 있다
허기진 상어는 이빨을 들이대고
오랜 세월
굳어 있는 상처를 파헤치고 있다

살아 있는 세월만큼 담석은 부서지지 않는다
성난 상어의 이빨도
단단히 자리 잡고 있는 내 안의 담석도
오기를 부리고 있다

끝이다 마침표를 찍어야 한다

밝음과 어둠이 없는 불면의 바람은
승리의 깃발을 휘날리고 있다

하얀 손수건을 준비할 때가 됐다

바람 잠재우기

하얀 포도주를 마셔 본다
혀를 태우는 위스키를 마셔 본다
바람은 알코올을 마시며 활활 타오른다

바람에게 기도를 한다
머리로 하고
가슴으로 하고
영혼을 불러
하나님을 부르고
예수님을 부르고
천상에 계시는 아버님을 떠올리며
평화여! 평화여!
바람에게 속죄하며 기도한다

바람은 여름이 되었다가
가을이 되고
겨울이 되는가 싶으면
꽃으로 피어나

절망하게 한다

죽는다
시인도 죽고 어머니도 죽고
아내도 죽고 여자도 죽고
그리움도 죽는다

바람을 잠재우는 것은
기도가 아니라
죽는 것이다

내가 바람이라는 것을 알지 못하는
무지함
그 죄를 하늘이 벌하는구나

웃을 수 없는 일

내 발이 내 발을 걷어차고
빙판에 미끄러졌다
무릎 뼈가 부스러지고
손목이 휘고 곳곳에 피멍이다

영혼은 부재중이고
뇌의 모든 신경은 다행히도 잠시 졸도한 것 같다

생각은 검푸른 늪에 빠지고
숨을 쉬거나
죽이거나
허우적거리거나
용기 있게 다이빙하거나
자유를 박탈당하기는 마찬가지다

조용히 숨어 있던
혀가 날름거리며
'하늘아! 이 추운 날

그대 눈부시게 맑아 내 몸이
감옥이구나'

파도가 바위를 때리고 때리면서
웃고 있다
웃어서는 안 되는 순간,
나는 웃고 또 웃었다
오직 웃음만이 나의 자유이기에

쓸쓸한 하루

나다니는 시간보다 컴과 보내는 시간이 많아졌다

홀로 어슬렁거리는 것,
영화광이라는 것,
낯선 시골의 이름 없는 조그마한 갤러리에서
노장의 화가들의 그림을 감상하는 것도

그런 쓸쓸함과 잘 견디며 살아
가족과 있는 시간들은
그들이 서운하지 않을 정도로 함께 밥 먹고
영어 80%, 한국말 20% 섞어 가며
또 그렇게 살아
서울에 오면 세련된 한국말 들으며
아, 여기가 내 나라구나
가슴 깊은 곳이 젖어 들기도 해

마포에 들려 60년대 친구 L시인을 만나
다정한 말 한마디에 울고 싶었어

비싼 호텔 커피를 마시고
오는 전철 속에서 내내 미안하고 고맙고 그랬어
순간
말 안 해도 나의 쓸쓸함 읽어 주는
미당 선생님이 그립고
전숙희 선생님이 그립고, 조경희 선생님이 그리웠어

이젠 비어 가는 나의 조국
구름 속에 남겨 놓고
먼 길 떠난다

유기농 열매

천재와 둔재의 중간쯤에서 시와 인연을 맺은 것은
행운이었을까, 불운이었을까
내 가족과의 끈만큼
이건 천운인지, 땅 운인지 그나마 알 수 없다

매일 달력 속의 숫자와 눈싸움을 하며
이제는 중요할 것도 없는 하루살이
흐르는 시간 속에
눈에 잘 뜨이는
일주일 분의 약 케이스를 점검한다

일요일부터 시작하는 빈칸을 헤아리며
한 달분의 약통으로
또 일주일분의 약들을 채운다
모양도, 크기도, 색깔도 다른
이 포기와 체념 속에도
늘 약들은 눈부시게 살아 있다

약의 개수가 늘어났다
얼마큼 더 살아야
내 생명 줄을 잡고 있는
이 강렬한 힘을 이겨 낼 수 있을까

나의 삶은 바로 방부제가 없는 멍청이의 뿌리다
슬픔도, 고통도 없는 천연의 열매다
세상 공기에
연약한 유기농 열매다

살아 있음에

혈압계
깊숙이 파고드는 맥박의 소리가
아직은 살아 있다고 말한다
선인장 가시에 수없이 찔리는 내 깊숙한 영혼도
살아 있다고 외친다

먼바다는 바다끼리 치고 치면서
하얀 거품으로 달려 와
막힌 목줄을
솟아오르는 분수로
아우성친다

상처투성이의 핏줄은
응고되지 않은
미지근한 피를 안쓰럽게 껴안고
멀미를 한다

마음은 평화로운 잠을 갈망하는데

몸은 농도 짙은 카페인에 중독되어 있다

혈압계에서 알리는
숫자는 언제나 나를 실망시키고 있다

길들이기

아무것도 하지 않는 날이 많아졌다

영혼은 외출하고
그냥
마을 도서관에 가서
눈이 벌겋게 핏빛 서리도록
책 구경하다가 비틀거리며
세월이 묻어 있는 카페의 늙은 의자에 앉아
눈부신 은발의 서양 할머니가
품위 있게 놓고 간
허브티를 마신다

뿌연 먼지 속
고목의 상처에도 눈부시게 피어나는
사월의 신록新綠
내 몸속 죽은 신경세포는
부활할 수 없다는데……

이제는 사랑하는 것도 미워하는 것도
퇴색해 버린 침묵의
평화로움

언제부터인가
나의 은퇴 생활은 이렇게 길들여지고 있다

노인과 작은 새

먼바다
출렁이는 햇살이
주름진 노인의 이마를 아리게 한다

겨울 내내 굶주린 바닷새는
철새 따라 어디론가 떠나 버리고
녹슨 벤치엔 목을 맨 찌그러진 빈 쓰레기통만
바람에 얻어맞으며 울어댄다

노인은 후들거리는 무릎을 세울 수가 없다
벤치에 누워 아득한 푸른빛의 하늘을 본다
흐르는 구름도 없다

어디선가
길 잃은 작은 새 한 마리
노인을 지키며 빙빙 돌고 있다

먹이를 던져 줄 축복의 손이 없는 노인은

훙얼훙얼 리듬이 없는 노래를 불러 준다
작은 새는 날개 춤을 추며
노인의 찬 손에 살짝 앉는다

여름을 기다리는 빈 쓰레기통
푸짐한 잔칫상을 기다리는 작은 새
기다림의 종말은
바람을 몰고 오는 겨울 바다에 침묵으로 사라진다

삭제되었습니다

기억은
바람에 실은 비눗방울
허공에 남은 흔적
지워지지 않은 상처는
야생마처럼
눈에 불을 켠다

푸른 불꽃은 하늘을 천만 갈래로 찢어 놓고
죽지도 않는다

컴은
화살 하나로 명령하고 순종한다
삭제
삭제되었습니다

숨을 몰아쉬기도 전에
숨어 있던 불씨 한 톨
아, 그리움

얼굴

귀도 눈도 없는 혓바닥을 날름거리며
상처를 후비고 있다
수없이 아리고 쓰리고 반복하면서
수천수만의 신경은 날을 세운다

1초의 순간도 되돌릴 수 없다

컴은 바이러스를 먹었다
상복을 입고
침묵이다

쪼금만 더 가면

그대들에게 쪼금이
나에게는 먼먼 길이다

세계가 하나라고 하는데
뉴욕과 서울은 먼 얼굴이다

만남과 이별이 등 돌리면 되는데
되돌아보고 보고 뒷걸음치다가 넘어지고 피 흘린다

해 뜨고 달 떠오르는 시간
시도 때도 없이
별들이 눈 속으로 들어와 눈비가 내린다

사랑은 칼로 물 베긴가
생명을 난도질하는 암보다 더 한 질병인 것을

그대들이 말하는 그 쪼금만 더 쪼금만 때문에
신앙과 같은 믿음 하나로

내 인생은 길고 긴
뭉그러진 발가락으로 걷고 넘어지고 걷는다

멈추고 싶다

아버지의 은단

입안을 시시때때로 헹구고
그것도 모자라
박하수로 가글을 하고
계피 껌은 씹고 또 몰래 씹으면서 외출한다

아버지는 늘 은단을 입에 물고
세월을 돌릴 수 없음을 언제쯤 깨닫게 되셨을까?

노인의 냄새
슬픔의 냄새
장식처럼 놓여 있는 향수가 유혹한다

뒷머리칼을 헤집고 라일락 향수를 뿌린다
그만 헤어스프레이처럼 퍼져서
온몸을 적신다
은은한 라일락 향기가 아닌
라일락 술에 취한다
어질어질

노인은 주저앉는다
내 안의 슬픔을 껴안고……

아버지의 은단
노인의 냄새를 퇴출시키기 위해
은단을 서너 알 입에 문다
혀가 아리다
계피 껌이 은단으로 바뀌었다
은단 향내 속에
아버지가 보고 싶다

불새의 노래
— 월트레이드 센터가 사라지고

불이 타고 있었다
맨해튼의 평화가 유황불에 죽어 가고 있었다
세계로 튀어 오르는 불꽃 속에
불새들의 눈물이
진홍의 비가 되어 주룩주룩 뉴욕을 적시고 있었다

사람으로 태어나
두 팔을 활짝 펴도 날 수 없는 새
지상地上이 그리도 먼 곳인 줄 알지 못했구나
몸을 태워 불새로 나는
슬픈 영혼들이여!

평화는 영원히 죽어 있는 것이 아니다
그대들의 촛불 같은 희생으로
어둠을 밝혀 주리니

내일은 봄이 오리라

신神이 아니면 막을 수 없는
자연의 법칙
씨앗 되어 평화의 새싹을 피워내는 것
희망은 살아 있는 자의 것이려니

바다를 좋아하는 자는 물새가 되어 날고
산을 좋아하는 자는 산새가 되어 숲에서 살고
별이고자 꿈꾼 자에겐 별이 되게 하고
노래하는 바람, 평화의 바람
그대들을 숨 쉬며
눈물의 바다 저편에서 서서히 동이 튼다

어둠이 어둠 속에서 비가 되어 내리고

롱아일랜드 뉴스데이를 사 들고
기차에 들어서니
모두들 멀거니 표지를 보고 있다
WHY? 와이, 와이, 왜, 왜, 왜
알파벳이 점점 커져서 폭발한다

내가 가끔씩 가보고 싶었던 그 도미니카행
비행기 A.A.587
260명의 눈동자가 아침 별이 되고,
보이지 않은 별을 찾는 우리들의 눈에선 비가 내린다

하나님의 목소리를 들었는가
그의 목소리를 듣지 못한 나의 죄
그를 보지 못한 어둠 속의 나의 눈
죄를 알지 못하는 무지無知의 영혼이여

어둠이 어둠 속에서 비가 되어 내리고
세상은 온통 빗속에 갇혔다

내가 어둠이 되고
빛을 볼 수가 없다
빛 빛 빛
그리움이 몸을 떨게 한다

세상은 온통 사람들로 숨이 막힌다
숨을 쉬면서도 산소가 부족하여 가슴이 답답하다
식은땀이 나고 멀미가 난다
평화여! 나를 숨 쉬게 해 다오
어둠이 입을 크게 벌리고 절규를 잡아먹는다

살아 있는 건

고장 난 시계추가 박자를 잃고 시도 때도 없이
밤과 낮을 왔다 갔다 하는데
내 피톨에 숨겨진
선인장 가시는 날을 세우고 있다
그 사이사이로 영혼은
국적을 이탈하고 방황한다

사막도 아니고
동해바다 깊숙한 곳에 흠뻑 젖은 해초가
온몸을 휘감고 있는데
혓바닥은 찢어지고 있다

뿌리째 찢겨 나온
열병을 앓고 있는 혓바닥
하얀 거품을 몰고 오는 철썩이는 파도에게 맡기고
통곡하고 있는 것은
멈춘 심장에
신록의 나의 모국어

제2부

먼 얼굴

솟아오르는 새벽 해처럼
떠오르는 얼굴
세월이 그려지지 않은
그 얼굴을 그리워함은
슬픔이다

훈훈한 마음을 어루만지듯
꿈꾸는 새날
이제야 내 나라는 먼먼 아득한
잡히지 않는 바다 끝이다

시에게 부끄럽다

오래 살아온 것만큼
후회의 잎이 차곡차곡 쌓인다

이 어리석음
꿈꾸던 시와의 만남은
때론 아픔과 슬픔
절망과 좌절
이런 것들을 위로받지 못하고
뉴욕에서 50여 년을 살아온 것 같다

이 끈질긴 인연은
어머니의 탯줄이었고
첫울음은
기쁨도 슬픔도 아닌
천상의 소리였다

눈물 한 방울에도 시들었다가
다시 이어 가는 생명 줄

나의 문학은 늘 갈증 나는
깊은 뿌리였다

뉴욕의 숲 속
상처투성이의 고목으로
나의 문학은
그늘에서
영양부족으로 늘 비틀거리고 있다

부끄럽다
나의 시여!

미안하다
나의 시여!

그대, 나의 가정

내가 찾으면 언제나 그곳에 있는
바다 같은 그대
그대는 나의 속살이다

때로는
도덕이고
윤리고
나의 십자가다

그대는
나를 슬프게도
기쁘게도 하는
신의 바람이다

새벽마다 가출을 강행強行하지만
해가 바다에 잠기는 순간
나는
그대의 품 안에서 날개를 접고 잠이 든다

그대 안에 있으면서

그대를 알지 못하는 행복에

눈먼 자다

내, 노래

슬프면 대나무 껍질로 귀뚜라미를 접는다는
초로의 중국 시인처럼
하얀 종이 한 장 펴 놓고
때아닌 귀뚜리 소리 담아 본다

귀뚤귀뚤 귀뚜리 구슬픈 소리
허공에서 바람 되어
슬피 울고
계절은 떠나면서
손 한 번 흔들어 주지 않은데

그대 목소리
마음 또한
흐르는 강물로
나,
목숨 다하는 날까지 깨어 있는 그리움으로
귀뚜리 소리를 낸다

사랑은 그냥 사랑이듯이
흐르는 강물이 아니라면
그냥 침묵이어야지

늘 추운 겨울에 머물러 있는
찬 손을 녹여 줄
봄빛 같은 사랑이
먼먼 곳에서 등을 돌리고 있다

행복의 떨림은 신이 주신 것이라면
그래서 행운이라는 것 또한
우리를 감동하게 하는 것인지도 모른다

어느 날 침묵으로 서 있는 고목이 되면
그리움도 외로움도
슬픔 아픔도
영원히 풀 수 없는 사랑까지도 비워 버린
평화가 잠재우겠지

자화상

실속 없는 여자
겉으론 그럴싸한데 비집고 들어가 보면
텅 빈 박속 같은 여자
이익보다 손해를 숨 쉬듯 한 여자
늘 거절하지 못하고 쩔쩔 매는 여자
남을 잘 믿다가 늪에 빠져 허우적거리는 여자
만남의 약속을 하면
4시간이나 꼼짝 않고 기다리는 여자
잘못 사 온 물건을 절대로 바꾸러 가지 못하는 여자
슈퍼에서나 어디서든 거스름돈을 세어 본 적이 없는
지금도 두부 값이 얼마인지 오락가락하는 여자
택시 값 잘못 알고 큰돈 내 주고 나서
몰래 가슴 치는 여자
실수를 발 삐듯 자주 하는 여자, 딱한 여자
70의 고개를 넘어가고 있는데
얼마큼 더 살아야 똑똑한 여자가 될까
흐르는 구름 따라 얹혀 가는 세월
언제쯤 청빛 하늘을 품을까

시도 때도 없이 벌렁거리는 약한 심장은 어찌하고
아직도 찬란한 사랑이 손짓하면
천둥 번개가 되는
심장

얼마를 더 살아야
바람도 죽어 가는 풀잎이 될까

해도 하나, 달도 하나

제리코 턴파이크 샤요셋 마을,
내 아이들 어릴 적 추억이 담긴
맥도날드 일요일 아침
총각 막내아들과 햄 앤드 에그 샌드위치를
나는 커피, 아들은 오렌지 주스
말간 햇살이 눈부시다

창가엔 우리 모자母子 말고도
은발의 할머니 홀로,
나목의 할아버지 홀로
등을 대고 먼먼 눈빛을 하고 있다

장미 송이처럼 겹겹이 숨어 있는 추억을
햇살에 피어 내면서
잠시 목이 멘다

꽃바람

꽃바람
한 줌
눈 안으로 들어와
바다가 된다

출렁이는 물살 가득 담아
차를 끓인다

공허한 빈자리
햇살 한 줄기 살짝
내려앉아
뭉실뭉실
그리움 한 줌 날아든다

봄의 사랑

조용히 조용히
아주 조용히
귀를 열면
새싹들의 소곤대는 소리가 들린다

긴긴 날 어둠 속에서도
벅찬 희망을 껴안고서
눈부신 햇살에
목욕하는
그 찬란한 순간을 위해
기다림의 고통을
설렘으로 삭인다

새벽안개처럼
그대
영 잡히지 않는데
작은 심장 태우며
차라리 새싹이었으면 하네

기다리면 얻을 수 있다는

진리를 기억하면서

오월

봄을 앓고 있습니다

꽃들이
서로서로 사랑을 속삭이고 있을 때
기침은 멈추지 않고
갈가리 찢긴 북소리를 내며
어둡고 긴 터널에 갇혀 있습니다

어슴푸레한 한 줄기 빛살조차
희망은 무덤에 갇혀 있고
휘청거리며 질퍽이는 산골을
내려오는 패잔병이었습니다

한밤
잠들고 싶어 하는 애타는 마음을 배신하고
달빛 속에 은빛으로 쏟아지는
먼먼 바다를 꿈꾸고 있습니다

마지막 오월
푸른 호반에 앉아 그대와
향초香草의 차 한잔 나눌 수 없음이
내 영혼의 슬픔입니다

영혼은 육신을 버리고

바람은 불다 지쳐
살짝 나뭇잎에
앉아 있을 때
햇살은 신선한 기쁨으로 떨고 있다

영혼은 육신을 벗어 던지고
훨훨 그리움의 하늘로 날아간다

부끄럽다
한 줌의 흙으로 누워 있는 육신은
영혼에게 외면당한 채
부서지고
흩어지고
날지 못해 절망한다

잠에서 깨어나는 바람은
넓은 하늘을 헤치며 몸부림치는데
육신은 햇살에 안겨

먼지가 된다

영혼과 육신이 하나 되지 못해
슬픔이다

하늘

푸른 하늘입니다
하늘은 나를 보아 달라고 말합니다
그러나
하늘을 보는 눈은 푸르름이 아닌
먹구름을 담고 있습니다
금방 비가 올 듯합니다

땅을 보며 걷다가 하늘을 봅니다
맑고 푸른 하늘이
"나 여기 있어"
갈대가 되어 손을 흔들고 있습니다

버렸다고 생각한 모든 것에 대한
그리움이
크고 작은 침들이 되어 심장을 찌르고 있습니다

죽음의 평화가 아닌 산 자의 고뇌가
허공에서 소나기가 되어 영혼을 덮칩니다

어둠이 푸른 하늘을 삼키고 침묵 속으로
나를 가둡니다
평화도 고뇌도
하늘입니다

고목枯木

바람 지나간 자리 나목裸木으로 서서
먼 하늘을 바라보니
새벽안개 구름이 철새처럼 몰려간다

멀리서 구름 가르며
작은 비행기 하나
소리 없이 지나가고
나는
죽어 버린 시간을 부활시키기 위해
낙엽이 되어
죽어 가고 있다

웃는 연습

아침에 눈을 뜨면
기쁨을 생각하자

햇살을 눈 속으로 불러와
저린 마음 거두고
어제의 고달픔
빛으로
해가 웃듯
입술로 웃자

해 지도록
눈 깊숙한 그리움
말 없는 한 세월
목에 걸려
그냥
입으로 웃는 연습
밤새워 기다리는
아침 햇살

멀리 보이는 것은 아름답다

하늘도 멀리
달도 멀리
별도 멀리 있다

멀리 보이는 바다는 그리움이다
계절마다 치장하는 먼먼 수풀도 그리움이다

떠나는 뒷모습은 아름답다
그의 슬픈 눈빛을 볼 수 없어서 얼마나 다행한 일인가

과거가 아름답게 느껴지는 것은
다시는 내 것이 아니기 때문이다
미래가 가슴 설레는 것은
오늘을 영원히 갖지 못하기 때문이다

내가 가지지 못한 것은 언제나 부러움이다
내가 잃어버린 모든 것은 언제나 추억의 무덤이다

젊음이

열정이

내일을 가슴에 품고 있음이 부럽고

잃고도 침묵하는 뉴욕이 아름답다

이별은 고요할수록 좋다

남길 것도
아까울 것도 없다는
평화로움이여

이 뉴욕에도,
내 조국 한국에도
영원히 간직하고 싶은 것이 없다는
행복함이여

이별은 빈손,
빈 마음
고목의 침묵이 가슴 떨리게 하는 것은
나이 때문만이 아니다
모든 것을 버리고도 가난해 보이지 않아서다

세월과 나란히 깨달아지는 것이 있다
제일 먼저
예고 없이 언제 어느 순간

이 세상과 이별할 수 있다는 것이다

이를 알면
어리석은 생각이나
가능성이 희박한 일을 꾸미지 않고
내 이름 석 자 뒤에
빚을 남기는 목록은 없어야 한다

제3부

그대, 어디에 서 있는가

세계의 한복판
태양으로 빛나는 자리에
땀 한 방울
한 방울
모국 사랑을 가슴에 품으며
오늘 뿌리는 희망의 씨앗이여!

한 톨의 불씨
바람에 날려
세계의 불길로 타오르는
한글
내 사랑이여!

그대, 어디에 서 있는가

막막한 지평선 길 잃은 돛단배
반짝이는 등대 되어
희망의 닻을 내리게 함이라

그대, 어디에 서 있는가

스스로 태우는 촛불로 불 밝히고자 함은
하얀 바람
검은 바람
천지의 온 바람이
몰아쳐 와도

우리의 후손들
새벽마다 솟아오르는 뜨거운 태양으로
빛나게 함이라

그대, 어디에 서 있는가

푸른 창공을 향하여
쏟아 내리는 햇빛을 품고
깊게 깊게
뿌리 뻗어 내려

수천수만의 나무에 열린
희망의 열매

오늘 우리가 뿌리는 씨앗
뜨겁게 뜨겁게
불타오르는 내일이여!

꺼지지 않은 영원한
별빛처럼
초롱초롱한 눈망울 속에
알알이 피어나는
우리 모국어
세계의 곳곳마다 보석처럼
빛나게 함이라

이국땅에 뿌리내린
우리들의 소망
지금은 어느 곳에서나 손을 흔드는

훌륭한 시작과 희망의 노래
너도나도 한국인 한마음 되어
밝아오는 우리들의 세상
곳곳에 무궁화꽃 피우리

그대, 빛나는 태양으로
— 하월곡동의 추억

하월곡동 이층집은 아름다운 추억이다
덜컹거리는 버스도
추억이다

19의 치렁치렁 긴 머리
영산강, 유달산
그 풋풋한 눈빛
고향 어른 찾아 나선 문학소녀
나는 소녀였다

소설가이기보다
집안 겁주는 어른이셨다
마주할 때마다 안경 속 태양이 눈이 부셔
내 눈은 언제나 길을 잃은 어린 소녀였다
그러나
저 깊은 마음속 눈빛은 나는 딸이었다

하월곡동엔
하숙생의 따뜻한 고향의 밥상이 있었다
다정한 어머니의 마음이 있었다
내 동갑 친구의 큰형 작은형
나는 귀여운 여동생이었다
나는 가족이었다
아! 살아 있는 자의 그리움이여

내 잡지사 기자였을 때
원고를 받을 때마다
한 장 한 장
구김살 없는 청아한 한복처럼
어른의 깔끔한 마음이 담겨 있었다

어쩌다 고쳐야 하는 낱말은
펜으로 지우는 법이 없었고
그 칸에 종이를 오려 붙이셨다
내 시인으로 살면서

이 또한 조용한 가르침이셨다

〈가슴에서 떠나지 않는 송희야〉
내 뉴욕 사람으로 있을 때
하늘빛 항공 편지 속에도
어머님의 다정한 마음이 담겨 있었다

하월곡동 버스길은 가물가물하지만
내 추억 속에
그 이름
늘 솟아오르는
내 삶의 눈부신 태양으로 빛나는
그리움의 추억이다

이제는
별이 된 사람
바다가

구름이
숲이 된 사람
내 마음속
그리움 저편
오늘도 어디선가 훈훈한 목소리
뉴욕에서 날아온 고향 땅에
육신으로 만날 수 없음이
슬픕니다

참 보고 싶습니다

---

* 소영 박화성문학제에서 박화성 선생님에 대한 추모시.

평화와 행복의 해

오랫동안 웃음을 잃은 것 같다
무엇이 맑은 웃음을 빼앗아 갔을까
눈물까지 적시며 신 나게 웃고 있는 이웃을 보면서도
동참할 수 없는 내 불감증이 가슴 저리도록 슬프다

하얀 도화지에 7살짜리 손자 새미는
노란 해를 큼직하게 그리고 있다
반짝이는 두 눈동자에 푸른 하늘을 가득 넣고
반달 같은 입술에 기쁨이 빛나고 있다
새미는 나보다 더 성숙한 스승이었다

나는 언제나 새미의 그림이 떠오를 때마다
반달 같은 입술에, 웃는 연습을 한다
평화와 행복을 꿈꾸며

눈부신 푸르름으로

오랜 세월
그대들의 열정이 새순 튀어나오듯
온 세상을
눈부신 푸르름으로
기쁨으로
온통 빛나고 있음이라

우리의 꿈, 조국의 희망
무궁화가 되어 곳곳에 피어나고
알알이 영글어 가는
민족의 얼이
자랑스럽게 휘날리는데
이 순간 한마음 되어
소리 높여 축복의 노래 부르리라

오르는 산이
아직도 가파른 길일지라도
너도나도

손에 태극기 움켜쥐고
흐르는 바다
멈추는 일 없듯이
영원으로 가는 민족정신

우리 후손의 마음 밭에
우리 말, 우리 글
찬란한 우리 문화
온 누리에 빛나는 코리아
우리 대한민국
그 이름 풍성한 열매 맺으리라

---

* 사랑한국학교 20주년 기념 축시.

천년의 세월을 기다리며

새벽이슬로
영롱한 영혼을 깨워
서른 잔치에 종을 울려라

꺼지지 않은 불꽃으로
희망은
어둠을 거두고
동녘 하늘에서
찬란한 날개를 퍼덕이며
그대들의 환한 얼굴을 향해
빛나리라

서른의 잔치
이 행복한 순간
영광의 눈부신 빛이여
세계는 온통 그대들의 것이려니

아래에 있는 사람은 추락하지 않는다

자기를 낮추는 사람은 교만 속에 빠지지 않는다
우리 모두
겸손의 옷을 걸치고
품위 있는 대한의 아름다움을 세상에 알리자

서른의 잔치는 시작이다
매일매일 파아란 새날이 솟아오르듯
서두르지 말고
나무처럼 끈기 있게 참는 법을 배우자
천년의 세월을 기다리며

* 한국학교 개교 30주년 기념 시.

새 천 년의 햇살

인사동 거리에서 만난
옛 옛 친구가
어쩌면 너 그대로 있니
20년 넘게도 만나지 못했던
그 친구의 말을 믿는 것은 아니지만
갈대밭에 색색의 나비가 날아든다

눈부신 봄 햇살로
치장治裝을 벗기니
거울 속에 감춰진
고목古木의 낯선 얼굴이
멍청한 눈을 하고 나를 보고 있다

열아홉 추억의 흑백사진은
거울 속의 얼굴과 낯설어
온밤을 올빼미가 되어 방황한다

남아 있는 것은 무엇인가

보일 듯 말 듯한
해맑은 미소 오간 데 없고
종착역이 보이지 않은 여행은
핏속을 맴돌고 있는
악성 외로움이다

그러나
옛 친구 따뜻한 말 한마디가
햇살이 되어
가슴 안에서 새 천 년의 춤을 추고 있다

마로니에 공원

안개가 자욱한 이른 아침
마로니에 공원을 들어서니
지난밤
고달픈 인생들이 고달픔만 남겨 놓고
텅 비어 있었다

나는 열아홉이었다
머리를 치렁치렁 춘향이처럼
해 지는 오후
나에게 처음으로 그리움을 심어 준
사계절이
마로니에 벤치마다 앉아 있었다

사랑이 그리움이고
그리움이 잡히지 않은 바람이라는 것을
열아홉 그 나이에 알게 되었다

찾고, 생각하고, 기다렸던

그 모든 세월이
마로니에 그 벤치에 다 모여 있다

먼 곳에서
바람 소리를 내며
한 허술한 남자가 낙엽 한 잎 떨어지듯
벤치에 앉는다

구겨진 누런 봉투 속의
소주 한 병이 아까워
그는 두 손을 떨고 있다

슬픔을 마시고 있는 눈과
잃어버린 그리움을 찾아 나선
가슴이
안개 속에 잠긴 마로니에 공원에서
조용히, 아주 조용히 숨을 쉬고 있다

무無의 생명

약 한 알 입속으로 밀어 넣고
물 한 컵 들이켜고서도
한 알의 약은 목 천장에 붙어
곤혹스럽게 한다

바람결에 들려 온 말 한마디가
목젖에 걸린 잔가시로 숨이 막히고
눈동자가 튀어나오는 절망
참아라 참아라
먼지가 되도록 거듭거듭 참아라

하늘과 땅이
온통 먹구름
그사이 천둥 번개가
영혼도 죽이고
육신도 죽인다

흐르는 세월 속에

한 줌의 약은 한 모금의 물로
목줄기를 타고 눈처럼 잘도 녹아
혈압을 낮추고
혈당을, 콜레스테롤을 낮춘다

혀들의 전쟁터
싱그러운 꽃으로 피어나기 위해
큰스님처럼 해탈해야 한다
무無에 엎혀 나를 살린다

그 여인 · 1

사계절이 없는 여인은
밝음과 어둠
하늘에 묻고
그 자리
뿌리 깊은 나무로 서 있다

때로는 헝클어진 곱슬곱슬한 머리칼 사이사이
슬픈 바람이 스쳐 가고
흐린 눈동자는
먼먼 나라를 꿈꾸고 있다

부슬비엔 순종의 여인 되어
젖어 있는 나무
비바람 속에는 쇠살이 기어 나온
오래전, 누군가 버리고 간 찌그러진 우산
온 힘으로 매달고
살아 있음을 외친다

내 기억 속 그 여인은
화려한 봄꽃 속에
단 한 번의 분홍 드레스
그 안에 맑은 영혼이
천사 되어 나는 반짝임을 보았다

여인이 보이지 않는다
어제였을까, 오늘이었을까
가로수 밑을 오가는 발길에
그녀의 부재不在를 물을 수 없다

나의 초조함은 시작되었다

나무였던 그녀의 빈자리에
나의 쓸쓸함이
낙엽 되어 쌓이고 있다

메리

— 열아홉의 어머니

부끄러움으로 어둠에 갇혀 있어야 하는
세월을
달빛 출렁이는 말간 눈빛으로
말하고 있다

열아홉, 두 딸의 미혼모가 되어 버린
어머니, 메리
고통과 절망을 말하지 않은
향기로운 꽃이었다

입에서 나오는 말은
죄스러운 부끄러움이 아니라
맑은 새벽 이슬방울들이
고달픈 풀잎을 목욕시키는 것 같았다

보이지 않은 신神을 향해
눈물도 감추었고,
30년의 세월

쾌락의 갈증으로 온몸을
불태워도
숨겨진 새까만 숯덩이로
어머니였다

순간순간 죽음이 아니라
새벽마다 새롭게 태어나는 태양이었고
두 딸은 그녀의 재산이었다

---

* 메리는 나보다 18살이나 아래인 마흔아홉의 할머니다. 25년을 우체국 배달원으로 일하고 있다. 비가 오나 눈이 오나 그녀에게서 고달프다는 말 한마디 들어 본 적이 없다.

그 여인 · 2

눈이 녹다, 얼음이 되던 날
센디 폭풍이 강타한 상처투성이의 몸짓으로
눈부신 소복의 가냘픈 가로수 한 그루

여인의 빈자리
안달이 났던 그 자리
계절이 바뀌고
나는 보았다
퇴색한 털옷과 군화 같은 부츠를 신고
가냘픈 몸짓으로
먼먼 하늘을 보고 있는
여인

에스키모가 되어 버린
그 여인
영혼은 어둠과 밝음의 틈에 끼어 반쪽이 되었다
반쪽은 날개를 달고 하늘로 날아가는데
반쪽은 통곡을 하며 죽어 가고 있다

먼 하늘엔 어떤 추억을 그려 놨을까
생명의 끈
기억 한 줌 붙잡고 매달려 있다
어둡고 무거운 내 삶이 매달려 있다

47년 전 처음 타 본 비행기
낯선 땅 뉴욕
처음 살아 본 고층아파트 14층에서
수없이 날았던 나의 절망

먼 나라가 되어 버린 잡히지 않은 내 조국
날개가 없던 나는
파랑새의 꿈은 접었다

강산이 변하고
사람들이 변하고
있음과 없음이 환하게 보이는데
영혼은

그때나 지금이나
먹구름으로 심장의 통증을 느낀다

영혼에도 바보가 있었던가
어둡고 추운 영혼과 하나가 되어
주름투성이의 내 삶이
여인의 생명 줄에 매달린다

제4부

뉴욕 · 1

— 새가 되지 못해

새는 가진 것이 없어
훨훨
난다네

사탄이 독을 뱉어
평화를
유황불에 태운다네

사탄의 머리는 황금의 무게
질투, 복수, 파괴,
아!
무겁고 무거운 독의 혓바닥이
날개 춤을 추며
유황불에 죽어 간다네

꽃이여 피어나리라
평화의 꽃

뉴욕 · 2
— 해물 샐러드

정오
한국식당에서 하루는 잡채밥
하루는 산채비빔밥 하루는 동료의 메뉴를 듣고서야
겨우 골라낸 것은 된장찌개
오늘은 런치 스페셜이 아닌 메뉴에서
해물 샐러드를 먹기로 했다

몇 알의 새우와 조갯살
아들이 다이어트 한다고 즐겨 먹는
어린잎들, 그 안에 생숙주나물이 조금 들어 있었다

'외국 사람들이 좋아해요'
한국 식당을 찾는 외국인들을 위한
주방장의 특선 메뉴다
그런데 오늘은 말복이라 한다
삼계탕을 먹어야 하는데
해물 샐러드를 먹고

햇살이 따가운 맨해튼 거리로 나왔다

패션가의 윈도마다 화려하게 차려입은
늘씬한 마네킹은
어제와 오늘 향기 없는 미소를 입가에 담고
바이어들을 부르고 있다

뉴욕 · 3
— '미안' '실례'

오다가다 끈적이는 팔과 팔이 부딪치면서
'미안해요' '실례했어요'
누가 미안하고, 누가 실례했는지 알 필요가 없다
브로드웨이 공사장
가설치 기둥과 손등을 부딪치고도
'아야' 대신, 입에서 붙어 나온 '미안' '실례' 다

내 나라 곳곳에선 보물찾기보다 어려운 '미안' '실례'
내 잘못은 네 탓이고
네 잘못은 나 때문이니
너도나도 왕이로소이다

아무리 생각하고 골백번 생각해도
모르겠다
마주 보면 솜사탕처럼 달콤하고 부드러운
내 동포 눈빛이련만
서울 거리에서 만난 얼굴이여!

먹구름이어라

세상이 만든 것이냐
환경 탓이려나
조상에게 물려받은 유전인자려나
IMF라고 떠들지 마라
60년대도, 70년대도 80년대도
모두 그리했거늘

왜 나는 아닌데
내 동포 만이냐고 하는 것은
내 교만 탓이려니
잘못돼도 한참 잘못되었네
나부터 무릎 꿇고 대죄하려 하네

뉴욕 · 4
— 구두 수선 방

서울의 구멍 난 아스팔트 사이에 낀
하이힐 고무창이
늘 난감하게 하더니만
맨해튼 도보 곳곳에 박혀 있는 지하철 공기통
그 쇠 발판에
예쁘기도 한 흰 샌들 하이힐 뒤꿈치가 끼어 달아나고,
절뚝거리며 사방을 보니
이곳에도 구두 수선 방이 서너 개 보이더라

얼굴보다 웃음이 매력적인 스패니시
친절하게 5불이면 된다고 손바닥을 편다

비집고 앉아 기다리니
금발의 중년 여인이 들어온다
금발의 강아지도 들어온다
맨발이 된 내 발에 키스를 하며 인사를 한다
'나는 싫은데'

그러나 내 마음 감추고
친절하게 웃는다

그 여인은 비닐봉지에서
누렇게 바랜 하얀 샌들을 꺼내 놓으며
“그냥 깨끗하게만 만들어 줘요”
“50불”
놀라 부엉이 눈이 된 것은
그 여인이 아니라 바로 나였다
여인은 어깨춤을 추더니 내일 오겠다고 사라진다
강아지는 잊지 않고 내 맨발에
이별의 키스를 하고 사라진다

‘추억의 샌들인가, 나 같으면 새 구두를 살 텐데’

뉴욕 · 5

— 포장마차

한국의 포장마차 집은 낭만이 있다
어둠과 함께 별처럼 쏟아진 거리의 구세주
남녀노소 평등하게 자리 잡고
소리소리 질러도 눈총 받지 않는 천국

바다에 가면 바닷바람
산에 가면 산바람
바람과 친구 삼아 홀로라도 즐거워라
지갑이 가벼워도 푸짐한 잔치가 정겨워라

맨해튼 거리엔 밤낮으로 자리한
자동차 식당, 과일 가게
술은 없어도 거리의 사람을 유혹하는
다양한 도넛, 베이글, 핫도그, 그리고
가지각색의 음료수
아! 뜨거운 종이컵의 커피가 있지

몇 걸음 걸어가면
과일 마차
그 조그마한 마차 안엔 가지각색의 과일이
소곤소곤 대고 있다

바나나, 체리, 봉숭아, 사과
이름 모르는 초록, 밤색……
휴지로 살짝 닦아서 한 입 맛본다
농약을 걱정 안 해도 되는 뉴욕 사람들
평화, 평화로소이다

뉴욕 · 6

— 엠파이어스테이트 빌딩

맥도날드, 버거킹, 샐러드 바, 피자집,
일본 식당, 중국 식당, 세계 식당이 고루 있지만
언제나 말없이 동심童心이 되어 찾아든 곳은
브로드웨이 32가와 36가 사이 한국 식당이다

점심 메뉴도 비슷비슷,
가끔씩 낯익은 얼굴과 인사를 하지만
커피 한잔하자는 따뜻한 말 한마디 없이
그렇게 헤어지고
나는 서울의 인사동 친구들을 그리워한다

잠시 동료들과 헤어져 어슬렁거리다가
엠파이어 빌딩 앞에 선다
까만 정장을 한 동양의 청소년 20여 명이
유리문을 열고 들어간다
자세히 보니 앞가슴엔 태극기 패치가
자랑스럽게 붙어 있다

나도 따라 들어간다

얼마 만인가
30년 넘게 뉴욕에 살면서 2번 정도 올라가 봤을까
뽀얀 안개 속에 흐릿하게 보이는 뉴욕,
동서남북 어딘지 많이 헷갈리지만
높은 곳에 서 있음은 설렘이어라

지상보다 천상의 아름다움이여!
멀리 보이는 것은 아름답다
안개 바람 속 아득하게 보이는 것도 아름답다
추억이 반짝 빛을 뿌린다

사랑하는 이여!
그대
멀리 있음으로 뼈저린 그리움이여

뉴욕 · 7
— 거리의 천사

롱아일랜드 기차, 뉴욕 펜 스테이션에서
7 에비뉴 32가로 나와 서서히 길을 건너면
맥도날드가 눈에 들어온다
서울의 건널목에선 신호가 바뀌기 전에
늘 죽자 살자 뛰어야 했는데
맨해튼 한복판, 건널목에서는 품위 있게 걸어도 된다

정확히 아침 8시 30분
경찰 세 명과 행인 댓 명이 걸음을 멈추고
아스팔트를 내려다보고 있다
그냥 지나칠 수가 없어 서양 사람,
동양 사람, 세계 사람들을 비집고 들여다보니
아! 거리의 흑인 천사가
옆으로 쭈그리고 누워 단잠을 자고 있다

경찰의 발이 천사의 발을 흔들고 또 흔들어도
꼼지락거리지 않는다

자유인이여!

하늘과 땅,

오다가다 어디에고 지상의 잠자리 땅 한 평,

저토록 편안한 잠을 잘 수 있는 것을

밤마다 불면으로 지새우고

충혈된 눈이 되어 아침을 맞이하는

저 신사 숙녀 여러분

몽롱한 정신이 되어 무슨 생각을 할까?

너덜너덜 해어진 옷 사이로 보이는 배꼽이

오직 그의 재산인 듯한 하얀 운동화가

푸른 하늘 아래에서 눈이 부시다

뉴욕 · 8

— 트럼펫을 부는 톰 아저씨

뉴저지 포트리의
다정한 친구들을 만나러 가는 날은 산들바람이다
지상으로 5분 걸어 직행 A 서브웨이를 타고
맨해튼 175가에 내리면
포트리로 넘어가는 NJ 버스가 있다

낮 형광등으로 눈부신 통로에
트럼펫 연주가 절정을 이루고 있다
찌그러진 카우보이모자를 쓰고
하얀 수염이 애처로워 보이는 중년의 흑인 남자
옥수수밭의 인자한 톰 아저씨 같다
앞에 놓인 누런 플라스틱 통에 1불을 넣고
나는 잠시 쓸쓸해진다

GW 다리를 건넌다
차창으로 보이는 허드슨 물결은
은빛 햇살에 간지럼을 탄다

나의 속살도 간지럼을 탄다
까르르 웃고 있다
톰 아저씨의 트럼펫 소리도
허드슨 물결을 타고 포트리로 가고 있다

뉴욕 · 9

— 종이컵의 커피

기차 안에서 조심스럽게 마시는
종이컵의 커피
뉴욕의 하루는 그렇게 시작된다

빈 종이컵에 채워진 레귤러커피
'우유 많이, 설탕을 넣지 않은 반 컵만……' 이라고
분명히 말했는데
내 몸의 두 배나 되는 은발의 여인은 빙긋 웃고
내 손에 쥐어진 커피는
30년 전이나 지금이나
뚜껑이 덮인 컵에서 뉴욕의 얼굴을 하고
낯설게 아우성치고 있다

조심조심 날렵케 빈자리에 앉아
따끈한 종이컵을 두 손으로 안는다
내 앞의 까만 구슬 같은 두 눈동자
나를 보고 별처럼 웃는다

나도 웃는다

소녀의 엄마도 웃는다

종이컵의 커피도 바다처럼 웃는다

뉴욕 · 10

— 국립도서관 돌층계

나는 돌층계를 좋아한다

고궁의 돌층계, 예술의 전당의 돌층계,
홀로라도 외롭지 않은 돌층계를 나는 사랑한다

맨해튼 42스트리트와 5번가 국립도서관
돌층계 앞에 서면
반포동의 대한민국 국립중앙도서관
돌층계가 떠오른다

맨해튼의 돌층계에는 세계 각국의 인종들이
시도 때도 없이 앉아 프레첼을, 샌드위치, 음료수를
아이스크림을 먹으며 너도나도 관광객이 된다

내 나라 돌층계는 야외무대다
낮에는 햇살에 조명 받고
밤에는 별빛을 조명 삼아

내가 좋아하는 명시名詩 한편 읊어 보는
관객은 없어도
사계절의 잔잔한 꽃들이 환하게
슬프고 외롭게
소곤대며 돌층계에 피어 있다

뉴욕 · 11

— 여름과 가을이 나란히 걸어간다

여름과 가을이 함께 걸어간다
녹음이 이별가를 부르며 가을에게 손을 흔든다
오는 바람 가는 바람
이별은 말이 없고
밀려오는 바람은 소리가 크다

아침 출근 시간에
아스팔트 위를 행진하는 신발에도
여름과 가을이 나란히 걸어간다

여인들의 색색의 발톱이 샌들 안에서
여름을 붙잡고 있다

나는 샌들과 가을 구두를 서너 번 바꿔 신어 보다가
자줏빛 구두를 선택하고
아찔! 출근 기차를 놓칠 뻔했다

나의 샌들이 맨해튼 아스팔트 위에서
미련 없이 여름과 이별하기로 한다

오늘은 오늘일 뿐
그 무엇도 내 것은 아니다
과거도 현재도 미래도 내 손에 쥐어지지 않는다
바로 지금, 그리고 사라진다

제5부

슬픈 바람

핏속으로 흐르는
번뇌는
강으로 바다로
넘치는 일 없이
숨고 숨어서 출렁이니
제가 되어 사그라지는
육신보다
더
질긴 목숨
영혼

지는 황혼에 이마를 얹고
잡히지 않은 바람을 불러
슬픔으로 비가 되리

슬픔 2013

하루는 길고
2년의 세월은 짧았다
녹차 한잔의 여유로움조차
즐기지 못하고
육신과 함께
고목의 나이테 두 줄을
침묵 속에 묻어 둔다

〈침묵이어라〉
나의 기도는 늘 침묵과 싸우고 있었다
아픔도 사장死藏하고
자존심도 사장하고
문화도 사장하고
고상하고 아름다운 모든 것들을
사장하는 세월로 보냈다

이 모든 것들을
새해에는 부활시키고 싶다

살고 싶다

친구여,

슬픔 하나

5년을 5천 년의 세월만큼 묵직한
열쇠 꾸러미를 돌려주며
백만장자의 손을 잡았다
유태인의 큰 손은 아가의 볼처럼 부드러웠고
부끄러워 감추고 싶은 내 손은
부서지고 망가진 고목의 껍질이었다

손가락마다 지문은 없어지고
손톱에 낀 때를 보는 것도
석류처럼 빨간 상처가
가슴에 쥐가 내리는 아픔이 아니라
넘치는 슬픔이었다

누군가가 내 깊숙한 눈동자 저쪽에서
바다가 출렁이는 소리를 들었을까

찢겨진 영혼
낯선 모든 것들이 시퍼런 칼을 갈고

돋보기 속으로 타들어 가는
심장이
훤히 보이는 것도
허망한 슬픔이다

---

* 5년의 gifts store를 문 닫던 날.

슬픔 둘

비명에 놀라 달려온 8살짜리 손주 앞에서
한여름 낮의 소나기처럼 울었다
뛰어온 손주의 눈동자도 소나기에 젖어 든다
내 광대뼈는 쇳덩이에 얻어맞고
슬픔은 활활 타는 용광로에서 몸부림치고 있었다

검푸른 상처
죄는
잿더미 속에서도 과거를 껴안고
퍼렇게 숨 쉬는
그 슬픔

촉촉이 젖은 눈시울
다시 어둠 속에서 밝음의 순수를 찾을 수 있을까

치매 속에 갇힌 나의 세월아
하늘로 뻗힌 감람나무 가지에 열린 슬픔을 깨고
새벽 찬 이슬로 태어나는 풀잎이어라

슬픔 셋

한밤 2, 3시에 말똥거리는 정신을 죽이지 못해
억울하다
차라리 열병으로 혼수상태라면 모를까
분명 어둠 속에서
살풀이 나풀대는 하얀 치맛자락에
슬픔의 눈가루가 쏟아지는 것을 보았다

나의 하나님에게 외면당한 절망은
몇 올 되지 않은 머리칼을 헤집고
뼛속으로 들어와 온몸을 갉아 대고 있다

깨어 있는 새벽 2, 3시는
나에겐 죽음의 시간이다
날카로운 신경을 마비시키는 비약을 준비하리라
그리하여
잠들게 하소서
다시는 깨어나지 못하는 깊숙한 수면睡眠일지라도
나는 이 순간 떨리는 행복에 취하리라

슬픔 넷

털고 일어나요
손주들 학교 보내 놓고 동네 도서관에서
글 같지 않은 글을 몇 시간 두드리다가
오후 3시쯤 학교에서 꼬마를 데리고
좋은 날은 파크에서
1, 2시간 젊은 엄마들 사이에 끼어 먼 하늘 보다가
아파트에 와서 저녁 준비하는 것이 내 일상이어요
때론 우울병에 걸린 듯 목적 없는 서브웨이를 타고
한 시간쯤 가면 코니아일랜드가 나오기도 하고,
맨해튼 스태튼 아일랜드 페리 타는 곳이
나오기도 해요
되돌아가는 길을 잃고
엉망으로 무너지고 있는 그 틈새에
슬픔은
진드기가 되어 떨어지지 않네요

슬픔 다섯

오랫동안 황홀하게 꿈꿔 온 보석들이
푸른 잎새마다 숨어 있다 할지라도
프로스트가 걸어간
숲길을 되돌아 나오기로 했다

내가 서 있는 곳은
은빛으로 부서지는
파도를 바라보는 것이다

뛰어들지 않아도 된다
나는 파도다
아픈 것은 바위가 아니라
하얀 거품을 토해 내는 파도다

멀리 달빛 흐르는 곳에서
슬픈 가시 하나가
내 살갗을 비집고 들어와
아직도 죽지 못한 신경들이

파도 되어 울부짖고 있다

눈빛은
파도가 삼킨 푸른 하늘빛을 담고
흐르는 빛 속으로
슬픈 조각들이 반짝이고 있다

철썩이는 물살 따라
칼날 같은 신경 하나하나가 마비되어 가는 것은
은총이다
언제나 싸움에서 이기는 것은
마음이 아니라 신경이므로

그대를 향한
그리움도 기다림도 죽어 가고 있다
목숨 걸고 찾아도 영혼은 부재중이다

인종忍從할 수밖에 없는

나의 슬픔
파도를 잠들게 하는 것은
영혼의 귀환歸還이다

프로스트를 따라가지 않은 것은
잘한 일이다

슬픔 여섯

고운 단풍잎
하나
맑은 하늘 넘칠 대는
찻잔에 띄워
한 모금
목에 걸리는
그리움

빈 마음으로 떠나야 하는 세월에
영혼을 불태우는
그대 얼굴
은빛으로 반짝이는 슬픔이
찻잔에서 소용돌이치고 있다

사랑이여! 그리움이여!
멈출 수 없는
기다림에 멍들거든
비 오는 저 하늘에 숨어 있는

작은 별이어라

깊은 바닷속에 감춰진

작은

아주 작은 이름 없는

구슬이어라

슬픔 일곱

슬픔은 잔잔한 강물입니다
조약돌을 던진
그 파문으로 번진 아련한 아픔입니다
언제부터인가 피 안으로 흐르는
수천 년 수억 년
그렇게 먹구름으로 흐르는
강물

뉴욕에서 부른 슬픈 노래들
— 김송희 시세계

장 석 주
(시인 · 문학평론가)

점점 더 많은 사람들이 고향을 떠나 이곳저곳을 떠돌거나 낯선 곳에서 새로운 삶을 모색한다. 사람들은 세계화와 신자유주의의 거센 흐름 속에서 더 나은 삶이나 직장을 얻기 위하여 이동하는 것이다. 오늘날 적어도 5억 명 이상의 사람들이 자기 고향을 떠나 다른 곳에서 제 삶의 터전을 만들고 있다. 이민자, 망명객, 이주노동자, 다국적 기업가들이 기꺼이 '호모 노마드'의 대열에 합류하고 있다. 한편으로 이 활발한 이동성은 외부적인 이유에서가 아니라 인간의 DNA 속에 새겨진 본능이라는 주장도 있다. "인간이라는 종種을 탄생시킨, 생물체들의 그 엄청난 뒤얽힘은 이동성, 미끄러짐, 이주, 도약, 여행으로 이루어졌다. 인간의 역사가 노마드적인 것이 되기 훨씬 전에, 아메바에서 꽃으로, 생선에서 새로, 말에서 원숭이로 진화한 생명의 역사 자체가 이미 노마드적이었다." (자크 아탈리, 『호모 노마드』) 생명 세계의 뒤얽힘은 이동성, 미끄러짐, 이주, 도약, 여행으로 이루어졌고, 그 바탕 위에서 생명 진화의 역사가 써졌다는 것이다. 사실이라면 '호모 노마드'가 출현한 것은 필연일 수밖에 없다.

1963년 『현대문학』에 미당 서정주의 추천으로 등단한 김송희 시인 역시 일찍이 '호모 노마드'의 대열에 합류한다. 1967년 한국을 떠나 미국 뉴욕을 새로운 삶의 터전으로 삼고 반세기에 가까운 세월을 살아온 그가 "때론 아픔과 슬픔/ 절망과 좌절/ 이런 것들을 위로받지 못하고/ 뉴욕에서 50여 년을 살아온 것 같다"(「시에게 부끄럽다」)라고 술회할 때, 그 망향의 아픔을 드러내는 술회가 너무 직정적이어서 놀란다. 그 50년 동안 그가 목숨처럼 붙들고 있었던 것은 시다. "나,/ 목숨 다하는 날까지 깨어 있는 그리움으로/ 귀뚜리 소리를 낸다"(「내, 노래」)고 할 때, 시는 바로 포기되지 않는 일생의 기획이다. 시에 대한 이 순정한 태도에 잠시 숙연해진다. 나는 칠순을 넘긴 이 시인의 시를 읽고 해설을 쓰고 있는데, 철학자 하이데거는 시에 붙는 해설의 말들을 울지 않는 종에 떨어지는 눈[雪]이라고 말한 바 있다. 시와 그 해설에 관한 멋진 은유다. "시들은 '시적이지 않은 언어들'의 소음 속에 있다. 그것은 마치 가벼이 내려앉은 눈발로 인해 제 곡조를 내지 못하는, 허공에 자유로이 걸려 있는 종鐘과 같다. (…중

략…) 아마도 시들에 대한 모든 해명은 종에 떨어지는 눈일 것이다." (하이데거) 시가 허공에 매달린 종이라면 시에 대한 모든 해명의 말들은 덧없이 그 종에 떨어지는 눈일 것이다. 설령 그렇더라도 나는 조국을 떠나 사는 이의 그리움과 슬픔으로 표백된 언어들에 대해 몇 자 쓰지 않을 수 없다. 아무 수식도 가식도 없이 드러난 맨 얼굴과 같은 그것이 내 마음의 가장 여린 부분을 두드려 슬픈 곡조의 소리를 내기 때문이다. 이를 테면,

맥도날드, 버거킹, 샐러드 바, 피자집,
일본 식당, 중국 식당, 세계 식당이 고루 있지만
언제나 말없이 동심童心이 되어 찾아든 곳은
브로드웨이 32가와 36가 사이 한국 식당이다

점심 메뉴도 비슷비슷,
가끔씩 낯익은 얼굴과 인사를 하지만
커피 한잔하자는 따뜻한 말 한마디 없이
그렇게 헤어지고
나는 서울의 인사동 친구들을 그리워한다

잠시 동료들과 헤어져 어슬렁거리다가
엠파이어 빌딩 앞에 선다
까만 정장을 한 동양의 청소년 20여 명이
유리문을 열고 들어간다
자세히 보니 앞가슴엔 태극기 패치가
자랑스럽게 붙어 있다

나도 따라 들어간다

얼마 만인가
30년 넘게 뉴욕에 살면서 2번 정도 올라가 봤을까
뽀얀 안개 속에 흐릿하게 보이는 뉴욕,
동서남북 어딘지 많이 헷갈리지만
높은 곳에 서 있음은 설렘이어라

지상보다 천상의 아름다움이여!
멀리 보이는 것은 아름답다
안개 바람 속 아득하게 보이는 것도 아름답다
추억이 반짝 빛을 뿌린다

사랑하는 이여!
그대
멀리 있음으로 빼저린 그리움이여

—「뉴욕 · 6—엠파이어스테이트 빌딩」 전문

「뉴욕」 연작시편 중 하나에서 그려지는 뉴욕의 한국 식당에서 미각에 익숙한 한국 음식을 먹고, 엠파이어 빌딩 앞에서 우연히 만난 고국의 청소년들을 보고 자신도 모르게 그들의 뒤를 따르는 것, 문득 서울 인사동에서 만나던 사람들을 떠올리는 것, 이것들은 모두 멀리 있는 내 조국, 멀리 있기에 "빼저린 그리움"을 불러일으키는 사람들에 대한 애처로운 사랑의 몸짓이다. 멀리 있는 것은 만질 수 없고, 붙잡을 수 없다. 그 만질 수 없음, 붙잡을 수 없음 때문에 멀리 있는 것들은 그리움의 대상이 되는 것이다.

눈이 녹다, 얼음이 되던 날
센디 폭풍이 강타한 상처투성이의 몸짓으로
눈부신 소복의 가냘픈 가로수 한 그루

여인의 빈자리
안달이 났던 그 자리
계절이 바뀌고
나는 보았다
퇴색한 털옷과 군화 같은 부츠를 신고
가냘픈 몸짓으로
먼먼 하늘을 보고 있는
여인

에스키모가 되어 버린
그 여인
영혼은 어둠과 밝음의 틈에 끼어 반쪽이 되었다
반쪽은 날개를 달고 하늘로 날아가는데
반쪽은 통곡을 하며 죽어 가고 있다

먼 하늘엔 어떤 추억을 그려 놨을까
생명의 끈
기억 한 줌 붙잡고 매달려 있다
어둡고 무거운 내 삶이 매달려 있다

47년 전 처음 타 본 비행기

낯선 땅 뉴욕
처음 살아 본 고층아파트 14층에서
수없이 날았던 나의 절망

먼 나라가 되어 버린 잡히지 않은 내 조국
날개가 없던 나는
파랑새의 꿈은 접었다.

강산이 변하고
사람들이 변하고
있음과 없음이 환하게 보이는데
영혼은
그때나 지금이나
먹구름으로 심장의 통증을 느낀다

영혼에도 바보가 있었던가
어둡고 추운 영혼과 하나가 되어
주름투성이의 내 삶이
여인의 생명 줄에 매달린다

—「그 여인 · 2」 전문

이 시도 고향과 새로운 삶의 터전인 타향 사이에 엉거주춤 끼인 채 살아야 하는 자의 숙명을 노래한다. 시적 화자를 낳고 길러 준 나라는 더 이상 '나'를 따뜻하게 품지 않는다. 그것은 "먼 나라가 되어 버린 잡히지 않은", 헛것과 같은 것으로 변했기 때문이다. 조국에서는 멀어지고 새로운 삶의 터전에는 미처 뿌리를 내리지 못한 채 중간에 떠 있어야만 하는 그 숙명으로 인해 "영혼은 어둠과 밝음의 틈에 끼어 반쪽이 되었"고, "반쪽은 날개를 달고 하늘로 날아가는데/ 반쪽은 통곡을 하며 죽어 가고" 있다. '나'는 "파랑새의 꿈"을 접는다. 그 체념 속에서 "심장의 통증"은 멈추지 않는다.

김송희 시세계는 이민자의 애환과 거기에서 빚어진 그리움과 슬픔을 바탕으로 하고 있다. 그리움으로 "허기진 상어는 이빨을 들이대고"(「불면의 바람」), 오랫동안 고인 "날개 돋친 슬픔은/ 육신을 불태"(「손톱」)운다. 이것이 자신의 조국에서 내쳐진 자, 그리하여 낯선 곳에서 흩어져 살아야 하는 디아스포라diaspora의 고통이다. 디아스포라란 본디 팔레스타인을 떠나 흩어져 사는 유태인 집단을 뜻한다. 지금은 분산된 민족 집단이나 태어난 나라를 떠나 낯선 나라에서 사는 모든 이산자離散者를 가리키는 용어로 널리 쓰인다. 디아스포라는 고향에 정주하지 못하고 '사이를 떠도는 사람'들이다. 필연적으로 디아스포라의 삶에는 세계 저편으로 던져진 자가 겪어야 하는 이산과 유배의 고달픔이 따른다. 시인은 그 고달픔의 실감을 "영혼은 부재중이고/ 뇌의 모든 신경은 다행히도 잠시 졸도한 것 같다"(「웃을 수 없는 일」)라고 적는다.

고장 난 시계추가 박자를 잃고 시도 때도 없이
밤과 낮을 왔다 갔다 하는데
내 피톨에 숨겨진
선인장 가시는 날을 세우고 있다
그 사이사이로 영혼은

국적을 이탈하고 방황한다

사막도 아니고
동해바다 깊숙한 곳에 흠뻑 젖은 해초가
온몸을 휘감고 있는데
혓바닥은 찢어지고 있다

뿌리째 찢겨 나온
열병을 앓고 있는 혓바닥
하얀 거품을 몰고 오는 철썩이는 파도에게 맡기고
통곡하고 있는 것은
멈춘 심장에
신록의 나의 모국어

—「살아 있는 건」 전문

김송희 시인은 자신을 "국적을 이탈하고 방황하는" 영혼이라고 말한다. 자아는 "뿌리째 찢겨 나" 오고, 모국어를 쓰지 못하는 낯선 나라의 말을 발음해야 하는 "혓바닥은 찢어" 진다. 그 고통 때문에 영혼은 늘 "통곡하고" 있는 것이다. 조국이라는 뿌리에서 찢겨 나온 자의 핏속에는 고통이 숨겨져 있다. "내 피톨에 숨겨진/ 선인장 가시는 날을 세우고 있다"라는 구절은 바로 그 고통의 체감을 날것으로 보여 준다. 이것이 디아스포라, 즉 여기가 아닌 저기에서 흘러들어 온 자가 겪어야 하는 정서적, 실존적 고통이다. 1960년대에 한국 땅을 떠나 낯선 미국에서 새로운 삶의 둥지를 틀고 사는 김송희 시인의 정체성은 더도 덜도 아닌 이방인이다. 이방인은 낯선 자,

주변인, 쫓겨난 자다. 사회학자 게오르크 지멜Georg Simmel은 이방인을 "다른 곳에서 와서 거처를 정하는 사람" 이라고 정의한다. 시인은 여기도 아니고 저기도 아닌, 중간지대에 머문다. 그의 삶은 뉴욕의 맨해튼과 서울의 인사동 사이 어딘가, 중간지대에 있다. 어느 한쪽에 뿌리를 내리지 못하고 '사이의 존재' 로 살아야만 하는 천형을 앓는다. 그 천형의 실체는 "핏속을 맴돌고 있는/ 악성 외로움" (「새 천 년의 햇살」)이다. 그것은 그가 이방인이기 때문이다. "이방인은 안에 있는 동시에 밖에 있다. 그러니까 중간에, 문턱에 있는 것이다. 그는 출신 성분이나 다른 곳에서 흘러들어 왔다는 사실 때문에 자신이 정착한 집단 안에서 여느 사람들과 다른 위치를 차지하거나 그런 위치를 부여받는다." (니콜 라피에르, 『다른 곳을 사유하자』)

김송희 시인이 "오랫동안 웃음을 잃은 것 같다/ 무엇이 맑은 웃음을 빼앗아 갔을까/ 눈물까지 적시며 신 나게 웃고 있는 이웃을 보면서도/ 동참할 수 없는 내 불감증이 가슴 저리도록 슬프다" (「평화와 행복의 해」)라고 쓸 때, 내 마음의 금琴은 그 저린 슬픔으로 말미암아 떨며 소리를 낸다. 그것이 "목젖에 걸린 잔가시로 숨이 막히고/ 눈동자가 튀어나오는 절망" (「무無의 생명」)을 거치고, "오랜 세월/ 굳어 있는 상처를 파헤치고" (「불면의 바람」), "이제야 내 나라는 먼먼 아득한/ 잡히지 않는 바다 끝" (「먼 얼굴」)이라는 사실을 깨달은 끝자락에서 꾸밈없이 드러내는 정직한 속내인 것을 아는 까닭이다.

그토록 오랫동안 그리움과 슬픔에 목 메인 세월이었던가. 시인의 마르고 고갈된 상태다. 그 체념과 달관 끝에, 다행스럽게도 시인은 평화와 행복을 얻었다고 자그마하게 속삭인다.

남길 것도
아까울 것도 없다는
평화로움이여

이 뉴욕에도,
내 조국 한국에도
영원히 간직하고 싶은 것이 없다는
행복함이여

이별은 빈손,
빈 마음
고목의 침묵이 가슴 떨리게 하는 것은
나이 때문만이 아니다
모든 것을 버리고도 가난해 보이지 않아서다

세월과 나란히 깨달아지는 것이 있다
제일 먼저
예고 없이 언제 어느 순간
이 세상과 이별할 수 있다는 것이다

이를 알면
어리석은 생각이나
가능성이 희박한 일을 꾸미지 않고

내 이름 석 자 뒤에
빚을 남기는 목록은 없어야 한다

—「이별은 고요할수록 좋다」 전문

모든 것을 내려놓는다. 그 내려놓음의 무욕에 남길 것도 아까울 것도 없는 평화와, 현재 삶의 터전인 이 뉴욕에도, 영원한 목마름의 대상인 조국 한국에도 영원히 간직하고 싶은 것이 없는 행복이 고인다. 슬픔은 얼마나 길었던가! 슬픔은 "언제부터인가 피 안으로 흐르는/ 수천 년 수억 년/ 그렇게 먹구름으로 흐르는/ 강물"(「슬픔 일곱」)이었다. 그만 슬픔을 멈춰라! 시인의 말대로, 이별은 고요할수록 좋다. 그토록 질긴 그리움과도 슬픔과도 헤어져라. 영혼의 깊은 곳을 두드려 슬픈 곡조로 노래를 불러 온 시인이여, 늘 갈증 나는 깊은 뿌리였고, 그늘에서 영양부족으로 늘 비틀거리는 시, 늘 부끄럽고 늘 미안하기만 하던 그 시마저 내려놓고, 이 찰나의 평화와 고요를 끌어안으시라.

시인 김송희(Songhi Kim)

1963년 숙명여자대학교 국어국문과 졸업

『현대문학』에 서정주 선생님 추천으로 문단 등단

1962년~1965년『여상女像』,『여원女苑』 편집기자

1965년~1967년 중앙여자중고등학교 국어과 교사

1967년 뉴욕에 와서 현재까지 살다

1975년~1995년 2월 〈뉴욕한국일보〉 편집위원, 편집국 차장

1974년~1994년 8월 퀸즈한국학교, 롱아일랜드 한국학교장

롱아일랜드 한미한국학교장

재미한인학교협의회 이사, 감사

재미한인학교협의회 동부지역 3대 회장

대 뉴욕 한인교육협의 고문, 〈교육회보〉 편집인

뉴욕주립대학교 스토니브룩 대학 한국학회 부회장

『한국학회지』 편집인

1996년~2002년 한국 체류

사단법인 국민독서문화진흥회 상임이사, 사무총장

재능시낭송협회 초대회장, 고문

전국시낭송대회 심사위원장

숙명여대 평생교육원 문예창작과 교수

국립중앙도서관 문화학교 강사, 문화센터 강사

미주 〈조선일보〉 뉴욕 주필 역임

현재 국제 PEN 뉴욕회원, 국제 PEN 한국본부 이사

미동부 한국 PEN 회장

한국문인협회, 한국시인협회 회원

한국여성문학인회 자문위원

숙문회 회원, 여류시 동인

미동부한국문인협회 회장 역임, 현 고문

문학의 숲 창작교실 운영

저서 시　집 「사랑의 원경」

「얼굴」

「얼굴 먼 얼굴」

「겨울 창가에 그리움의 잎새 하나」

「날아라 날아라 내 영혼 불 밝히게」 외 공저 다수

수필집 「뉴욕에서 살며 서울을 그리며」

「여자가 말할 땐 확실한 말만 합니다」

「나는 시도 때도 없이 외로울 땐 배가 고프다」 외 공저 다수

교육서 「자녀 교육의 이름으로 저지르고 있는 77가지의 죄」 외 공저 다수

기　타 「한국 걸 스카우트 50년사」 집필

시화전　한국학교 기금 3회 시화전, 5인 시화전 등

수　상　공로상 (1982년 문교부장관상)

대통령표창 (1991년 12월 5일 No.82535)

재미 한국 펜 문학상

감사패/공로패　재미한인학교협의회/ 미동부 한인학교협의회/ 스토니부룩 한국학회/ 롱아일랜드 한국학교/ 롱아일랜드 한미 한국학교/ 롱아일랜드 한인회/ 미동부 한국문인협회 등

이별은 고요할수록 좋다

지은이 | 김송희
펴낸이 | 김재돈
펴낸곳 | 도서출판 시와시학
1판1쇄 | 2014년 6월 20일
출판등록 | 2010년 8월 10일
등록번호 | 제2010-000036호
주소 | 서울 종로구 명륜동1가 42
전화 | 744-0110
FAX | 3672-2674
값 10,000원

ISBN 978-89-94889-75-7 03810